SO BAUST DU HARRY ZUSAMMEN

Folge den Linien und verbinde die Gründer der Hogwarts-Schule für Hexerei und Zauberei mit den passenden Hauswappen.

Der Zauberstab ist das wichtigste Werkzeug für einen Zauberer. Zähle alle Zauberstäbe in dem Bild und trage die richtige Anzahl in den magischen Kreis ein.

Dementoren sind gefährliche magische Wesen, die den Menschen jegliches Glück aus dem Körper entziehen können. Welcher Schatten gehört zu der dunklen Gestalt?

3

Harry, Ron und Hermine wurden dem Haus Gryffindor zugeteilt. Führe Harry zu seinen Freunden, indem du ihn nur über die Gryffindor-Wappen treten lässt.

START

ZIEL

Ihre zweite Reise nach Hogwarts endete nicht ganz so, wie Harry und Ron erwartet hatten. Trage die Zahlen neben den Ausschnitten in die richtigen Lücken und vervollständige das große Bild.

Der Verbotene Wald ist ein gefährlicher Ort, von dem sich Schüler lieber fernhalten sollten. Verbinde die Punkte neben den Zahlen von 1 bis 36 und finde heraus, welche Kreatur dort lebt.

Was ist haarig und hat vier Beine? Harry und ich, wenn wir so schnell davonrennen, wie wir können!

Eine große Spinnenkolonie lebt im Verbotenen Wald. Zwei Mitglieder davon sehen genau gleich aus. Finde sie und markiere sie.

Verbinde die Aussagen in den Sprechblasen mit Harry, Ron oder Hermine. Folge danach den verschlungenen Linien und finde heraus, wo sich die drei Gryffindors jeweils verstecken. Trage die richtigen Nummern in die magischen Kreise ein.

1 2 3

Hat jemand meinen Tarnumhang gesehen?

Man kann nicht einfach auf dem Gelände von Hogwarts apparieren oder disapparieren. Ihr könnt es nachlesen in „Die Geschichte von Hogwarts" auf Seite …

Krummbein! Wo ist dieser Kater schon wieder? Ich hoffe, er lässt meinen armen Krätze in Frieden …

Zeichne Hermines Gesichtsausdruck, der zur jeweiligen Beschreibung passt.

1 Sie hat einen Streit mit Draco Malfoy.

2 Gryffindor gewinnt den Hauspokal.

3 Sie hat einen Albtraum von einem Troll in der Mädchentoilette.

Der Spiegel Nerhegeb zeigt immer den tiefsten Wunsch der Person, die hineinblickt. Was würdest du darin sehen? Zeichne es.

Welcher der drei Quidditch-Spieler ist kein Sucher? Zähle die Zahlen in den Luftwirbeln zusammen. Der Spieler mit der niedrigsten Punktzahl hat eine andere Position auf dem Feld.

Oliver Wood **Harry Potter** **Draco Malfoy**

Krätze ist auf Hagrids Schulter gesprungen. Führe die Ratte durch den pelzigen Mantel und die vielen Taschen.

Schlingende Wasserspeier, das kitzelt!

START

ZIEL

Harry und Ron folgen den Gleisen des Hogwarts-Express', um rechtzeitig beim Begrüßungsmahl zu sein. Finde die kleinen Ausschnitte im großen Bild wieder und trage ihre Koordinaten ein.

Einer der Dementoren sieht anders aus als die anderen. Markiere ihn.

1 2 3 4
5 6 7 8

Finde die Namen dieser vier Personen in dem Buchstabengitter wieder.

DUMBLEDORE

HARRY

HERMINE

RON

```
B D R A N B S R O N B A D F R
B U H C V C D P Y N S A D F T
A M C C A W T C U B T U O Z F
N B B L E D O R E H E R M U O
R L M D U M B L E H A R R Y A
H E V C B J P U I S V A R B X
A D C C A W T C Q B T U O Z F
B O H C V H E R M I N E E F T
B R R A N B S R A N B A D F R
N E B L E D O R E H E R M I O
```

Sieht so aus, als ob bei der Verwandlung mit dem Vielsaft-Trank etwas schiefgegangen ist. Ordne die Köpfe, Oberkörper und Beine ihren Besitzern auf der linken Seite mit den richtigen Zahlen zu.

Ron

1

2

3

Harry

4

5

6

Hermine

7

8

9

Hogwarts ist eine magische Schule, wie es sie sonst nirgends in der Zaubererwelt gibt. Sieh dir das Bild an und beantworte die Fragen dazu.

In welchem Feld ist das fliegende Auto?

Wie viele Dementoren sind am Himmel zu sehen?

Wie viele Türme sind im Feld C2?

In wie vielen Feldern ist ein Drache zu sehen?

In wie vielen Feldern schwimmen kleine Boote?

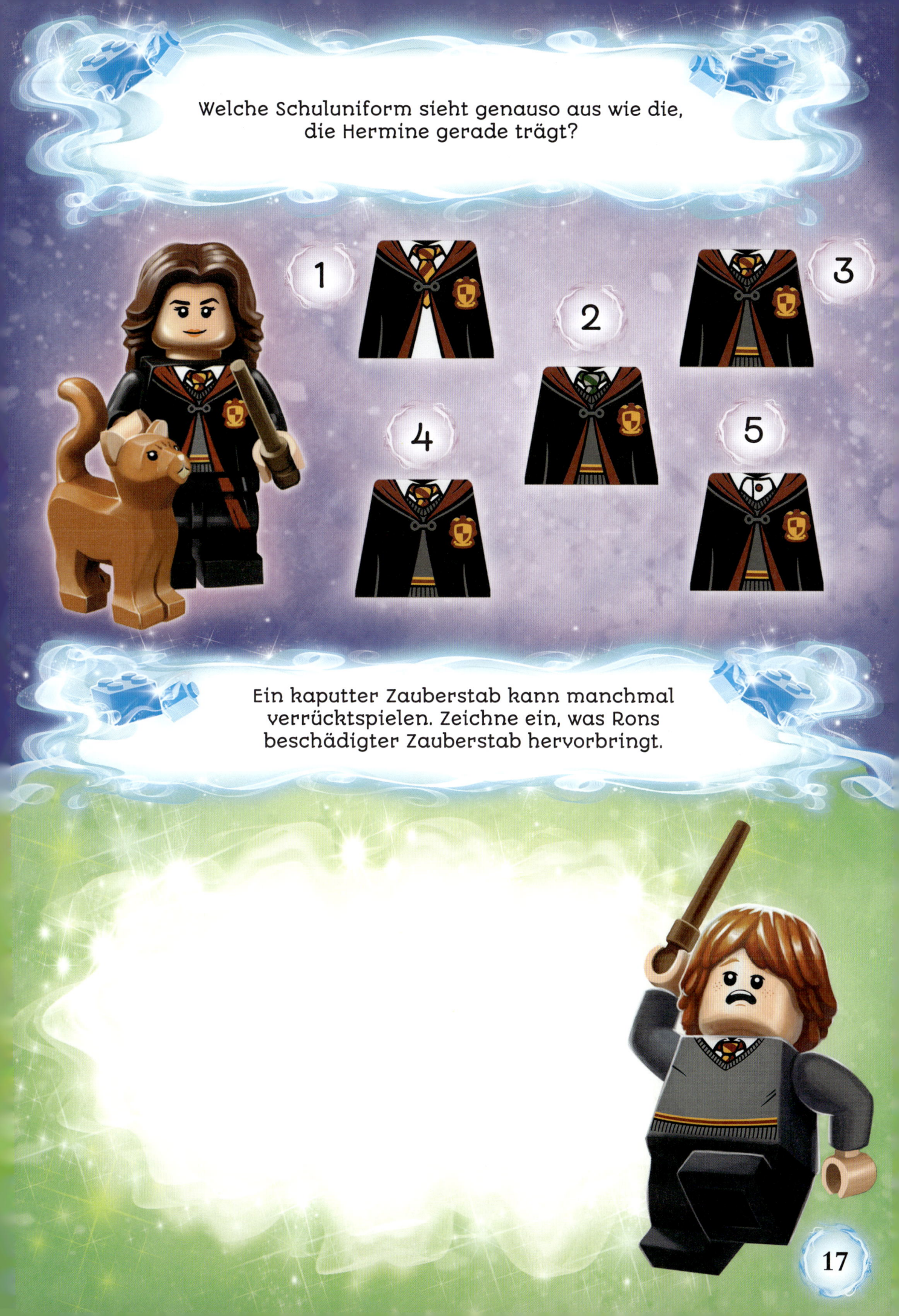

Welche Schuluniform sieht genauso aus wie die, die Hermine gerade trägt?

1 2 3 4 5

Ein kaputter Zauberstab kann manchmal verrücktspielen. Zeichne ein, was Rons beschädigter Zauberstab hervorbringt.

Verbinde die Zauberer mit ihrem Patronus.
Die Farbkombinationen in den magischen Kreisen
zeigen dir, wer welche Gestalt hervorgebracht hat.

18

Zu jeder Figur passt genau ein Gegenstand oder Tier. Trage die Zahlen an den richtigen Stellen ein. Die spiegelverkehrten Wörter helfen dir dabei.

1. Socke
2. Teetasse
3. Denkarium
4. Eule
5. Schlange

Dementoren ernähren sich vom Glück der Menschen. Zeichne ihnen lustige Gesichter, damit sie nicht mehr so angsteinflößend sind.

Finde fünf Fehler auf dem rechten Bild von Ron.

Harry benötigt unbedingt die Hilfe von einem seiner Lehrer. Lies die Hinweise in der Sprechblase und kreuze die richtige Person an.

Die Person ist keine Frau.
Die Person trägt keinen Turban.
Die Person hat einen Bart, aber sie trägt keine Brille.

Jeder Zauberstab hat einen besonderen Kern, der von magischen Wesen stammt, zum Beispiel Einhornhaar, Drachenherzfasern oder Phönixfedern. Sei ein Zauberstabmacher und zeichne die Kerne deiner Kreationen.

Nagini ist Voldemorts geliebte Schlange. Finde sie zwischen den anderen Reptilien und male sie aus.

NAGINI

Besen sind das Grundfortbewegungsmittel von Hexen und Zauberern. Wie viele Besen kannst du auf dieser Seite sehen? Trage die richtige Anzahl in den magischen Kreis ein.

Mr Ollivander ist einer der besten Zauberstabmacher der magischen Welt. Hilf ihm und ordne die Zauberstäbe in seinem Laden. Trage die richtigen Zahlen in das Zauberstab-Domino ein.

1
2
3
4

Diese Banner stehen für die vier Häuser von Hogwarts. Auf jedem ihrer Spiegelbilder ist ein kleiner Fehler. Finde ihn und kreise ihn ein.

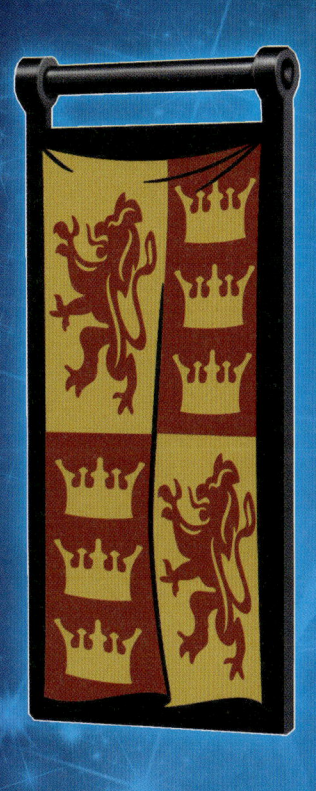

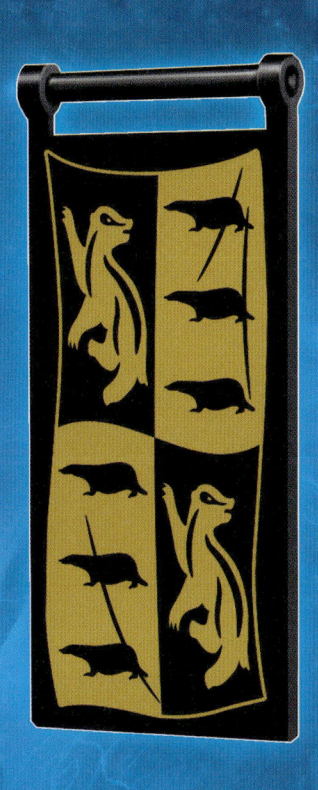

Teste dein magisches Wissen! Verbinde die Personen mit den passenden Beschreibungen. Trage die richtigen Zahlen in die zugehörigen magischen Kreise ein. Am Ende muss die Summe jeder Reihe oder Spalte 15 betragen.

Voldemort	Dumbledore	Ron
Harry	Hermine	Snape
Malfoy	Hagrid	McGonagall

1. Der Zaubertrankmeister von Hogwarts
2. Er, dessen Name nicht genannt werden darf
3. Harrys Halbriesen-Freund
4. Weißblonder Slytherin
5. Harrys kluge Freundin
6. Harrys sommersprossiger Freund
7. Professor mit weißem Bart
8. Hauslehrerin von Gryffindor, die immer Grün trägt
9. Voldemorts Gegner, der in einer Prophezeiung genannt wird

Harry tritt gegen Voldemort im Verbotenen Wald an. Führe den Lichtstrahl von Harrys Zauberstabspitze über die roten Felder bis zu Voldemorts Zauberstab.

Die beste Mannschaft in einem Schuljahr gewinnt den Quidditch-Pokal. Verbinde die Zahlen von 1 bis 27 und zeige, wie der Pokal aussieht.

Die Lehrkräfte von Hogwarts sind oft ungewöhnliche Personen. Einer der Lehrer ist sogar ein Werwolf. Hinweis: Es ist der Professor, der nur einmal in der Aufstellung der Minifiguren auftaucht. Finde ihn.

Alle Lehrer sind hier! Was für ein Albtraum …

Ron Weasley ist Harry Potters bester Freund. Lerne, wie man ihn zeichnet. Folge einfach der Schritt-für-Schritt-Anleitung.

Die Unterrichtsstunden für das Fach Zaubertränke werden in den Kerkern von Hogwarts abgehalten. Sieh dir die Bildausschnitte an und finde die drei, die aus dem großen Bild darüber stammen.

30

Lösungen

Seite 2
- 4 Hufflepuff
- 1 Slytherin
- 3 Gryffindor
- 2 Ravenclaw

Seite 3
- 14
- 2

Seite 5
6		2	
	4		5
		3	
	1		

Seite 11
4, 6, 5

Seite 13
A1, C2, D6, B7
A4, C5, E3

Seite 14
7

Seite 15
- Ron: 1, 5, 9
- Harry: 4, 2, 9
- Hermine: 7, 5, 3

Seite 16
B5, 5, 2, 2, 4

Seite 17

Seite 18

Seite 19

3

3 4
2 5
1

Seite 21

Seite 23

Seite 24

12

1 3
  2
  4

Seite 25

Seite 26

2 7 6
9 5 1
4 3 8

Seite 27

Seite 28

Seite 30

A A B